PEDRITO, KIRA y sus amigos saben muy bien que el ejercicio diario es un buen sistema para mantenerse en forma y crecer con un cuerpo fuerte y sano.

ERASE UNA VEZ EL CUERPO HUMANO

Equipo Editorial:

Autor: Ramón Llobet Colomé
Ilustración interior: Beaumont, María Gracia
Ilustración cubierta: Comicup
Dirección artístico-técnica: José M.ª Parramón Homs
Corrección y redacción: Albert Rovira Sumalla
Diseño gráfico: Antoni Inglés
Maquetación: Antoni Inglés, Rosa Moreno
Producción: Gabriel Palou, Mary Justribó
Auxiliar de producción: Alicia Escuer

El corazón

ISBN Obra completa: 84-395-1691-6
ISBN Tomo 7: 84-395-1698-3
Depósito legal: B-28857/92

Impreso por Printer Industria Gráfica, S.A. (Barcelona)

Erase una vez...

El Cuerpo Humano

Tomo 7

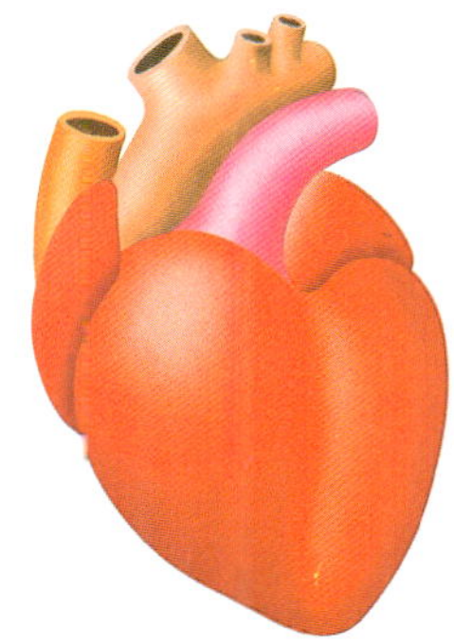

El corazón

PLANETA-AGOSTINI

Así es nuestro corazón

El corazón, un músculo hueco

Seguro que en más de una ocasión has sentido, al colocar la mano en tu pecho, los latidos de tu corazón y te has preguntado el porqué de sus palpitaciones. Vamos a estudiar cómo es ese motor incansable de nuestro organismo.

El corazón es un órgano muscular hueco en forma de cono invertido, aproximadamente del tamaño de un puño. De hecho, es un vaso sanguíneo agrandado y de paredes muy gruesas (miocardio). Su misión fundamental es bombear la sangre para que llegue a todos los rincones del cuerpo. Está recubierto por una capa llamada pericardio y pesa alrededor de 250 g.

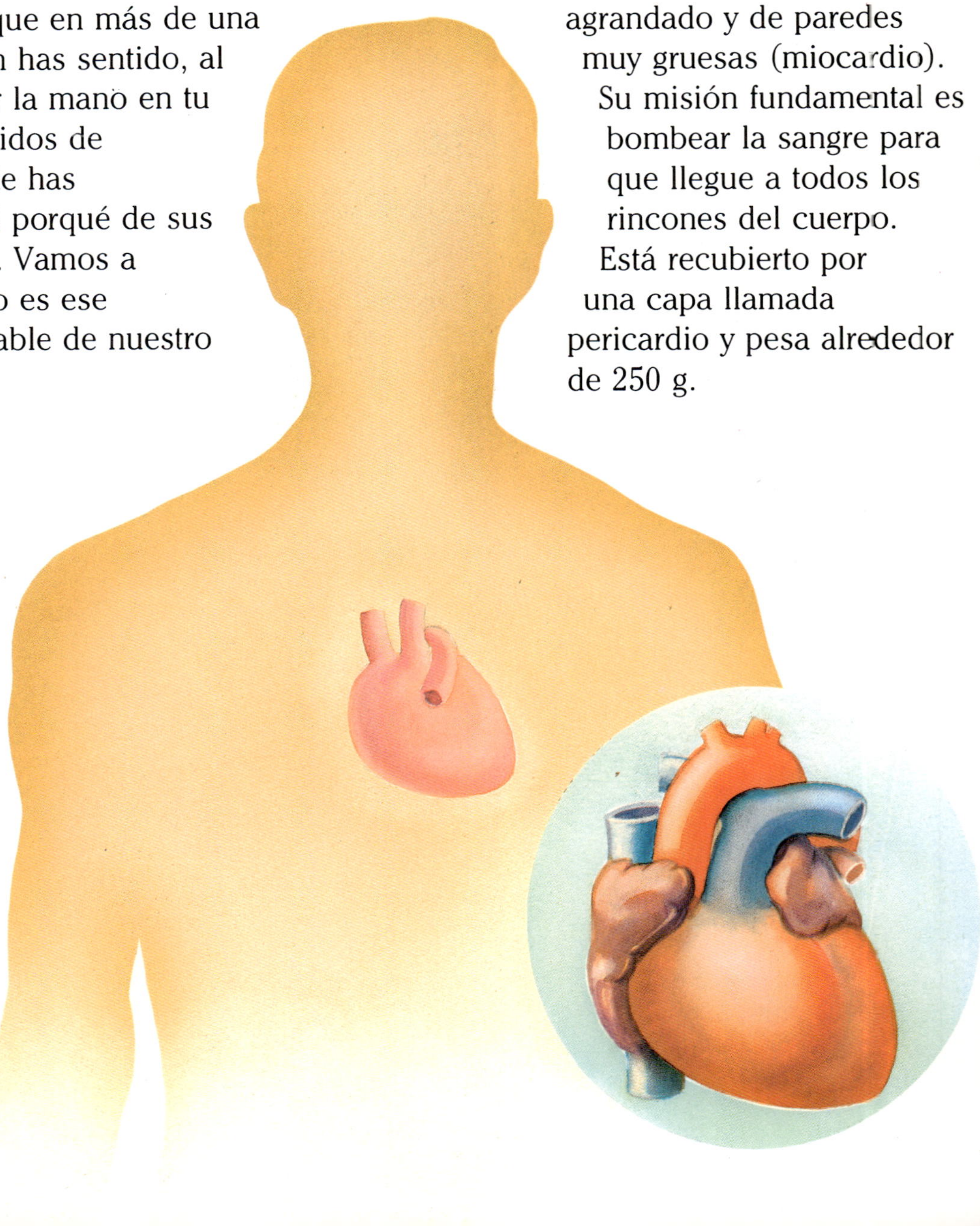

Casi en el mismo centro del pecho palpita, regular y constantemente, el «motor» de nuestro cuerpo.

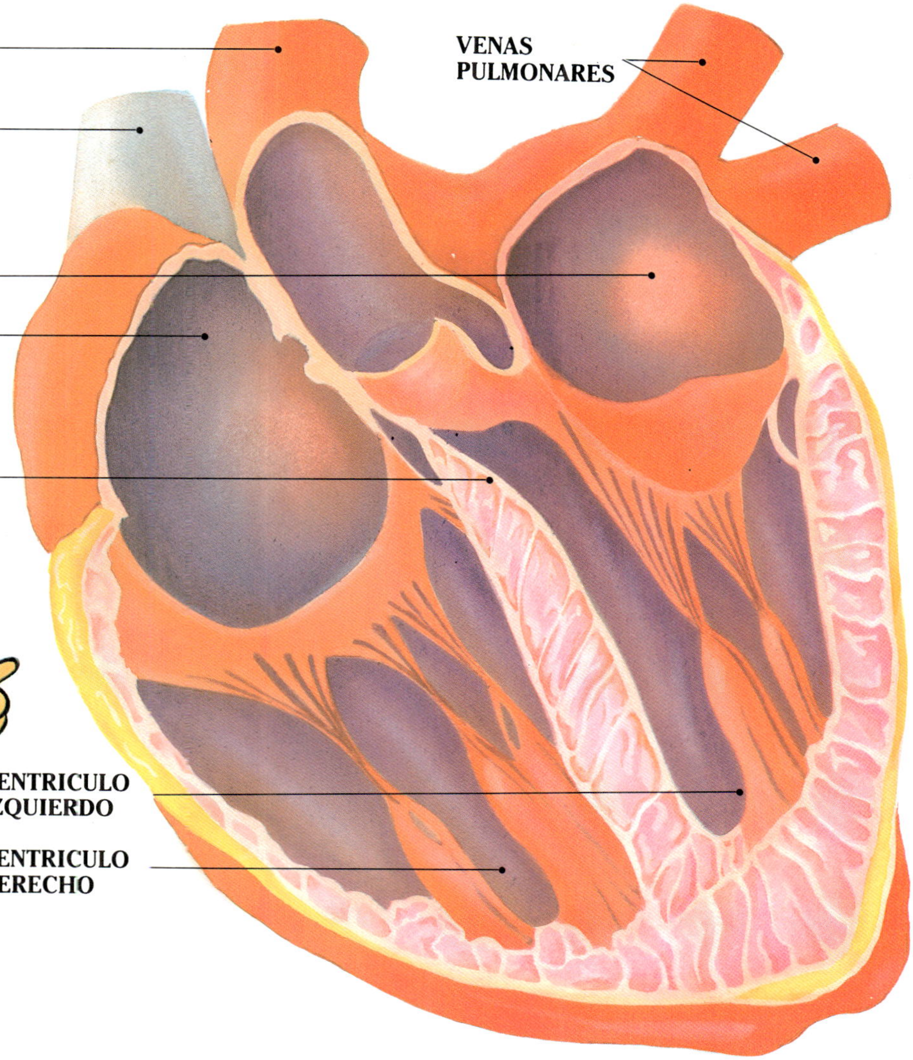

En el interior del corazón

Dentro del corazón existen cuatro cavidades: dos en la parte superior, llamadas aurículas, y dos en la inferior, llamadas ventrículos, cuyas paredes son más gruesas que las que forman las primeras. Unas y otros están totalmente separadas por medio de un tabique que divide el corazón en dos mitades: la izquierda y la derecha, en cada una de las cuales hay una aurícula y un ventrículo.

Cada uno de estos lados del corazón tiene una función específica: el lado izquierdo bombea la sangre desde los pulmones al resto del cuerpo, mientras que el derecho hace que la sangre regrese al corazón para, así, poderla enviar de nuevo a los pulmones.

El corazón es un músculo muy especial, puesto que late sin necesidad de que sea el cerebro quien le envíe la orden precisa de que lo haga, aunque sí los impulsos nerviosos para que pueda funcionar.

El veterano Globus parece decirnos: «Fijaos bien; por estos compartimientos mis mis amigos y yo hemos pasado miles de veces para que os mantengáis sanos.»

¿Cómo se comunican aurícula y ventrículo?

Cada aurícula se comunica con su respectivo ventrículo por medio de una válvula. En concreto, la aurícula izquierda se comunica con su ventrículo a través de una válvula llamada mitral o bicúspide, que está formada por dos láminas insertas en las paredes del corazón.
La aurícula y el ventrículo derecho entran en comunicación por la válvula tricúspide, formada —como su nombre indica— por tres láminas elásticas unidas también a las paredes del corazón. Ya habréis advertido que la función principal de estas válvulas es procurar que la sangre circule correctamente en el interior del corazón, es decir, siempre de aurícula a ventrículo y nunca en sentido contrario.

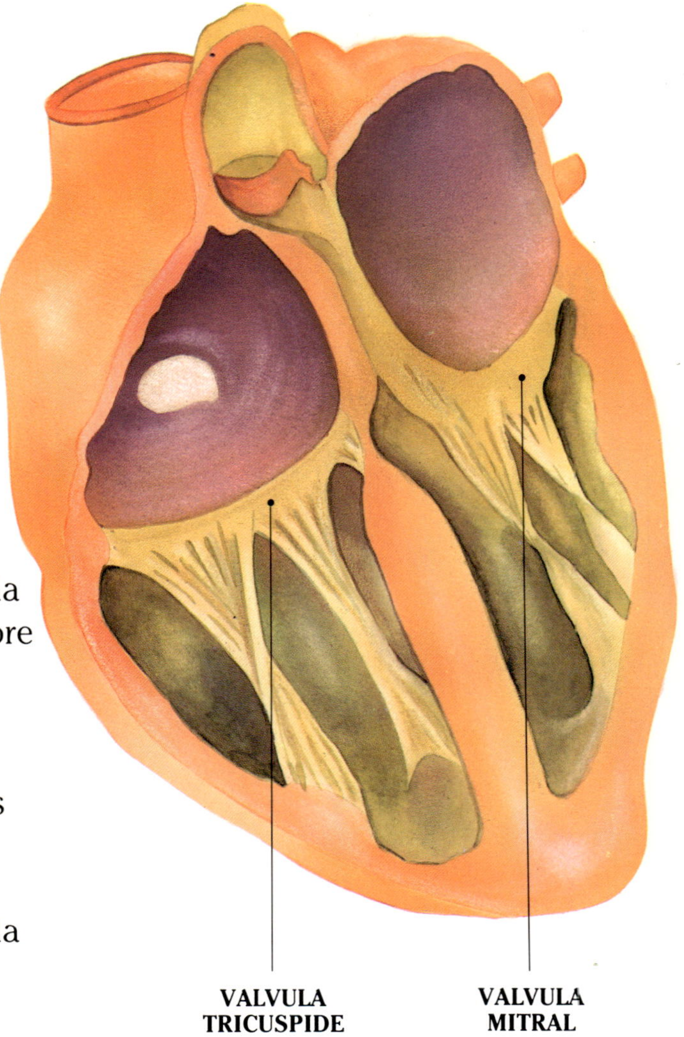

Lo mismo que a Hemo, también a ti se te acelera el corazón con las emociones fuertes o con el esfuerzo físico. El organismo reclama más oxígeno y los esforzados glóbulos deben circular a mayor velocidad, entrando en el corazón siempre por las aurículas y saliendo siempre por el ventrículo del mismo lado. No olvides esta característica de la circulación de la sangre.

El corazón puede llegar a pesar unos 300 g como máximo y bombear 5 litros de sangre por minuto, lo que supone unos 8.000 litros al día y más de 200.000.000 de litros durante la vida de un hombre.

El ccrazón de un niño pequeño late unas 120 veces por minuto, mientras que en un adulto la frecuencia es de 70-90 veces por minuto.

Cómo funciona el corazón

Circulación menor o pulmonar

A través de las venas cavas, la sangre llega hasta el corazón y entra en él por la aurícula derecha, desde donde pasa al ventrículo derecho y sale del corazón por la arteria pulmonar, que la llevará hasta los pulmones.

Fíjate en el doble circuito que sigue la sangre: Hay una Circulación Menor que abarca el lado derecho del corazón y que pasa por los pulmones oxigenando la sangre y una Circulación Mayor que partiendo del ventrículo izquierdo recorre el resto del cuerpo.

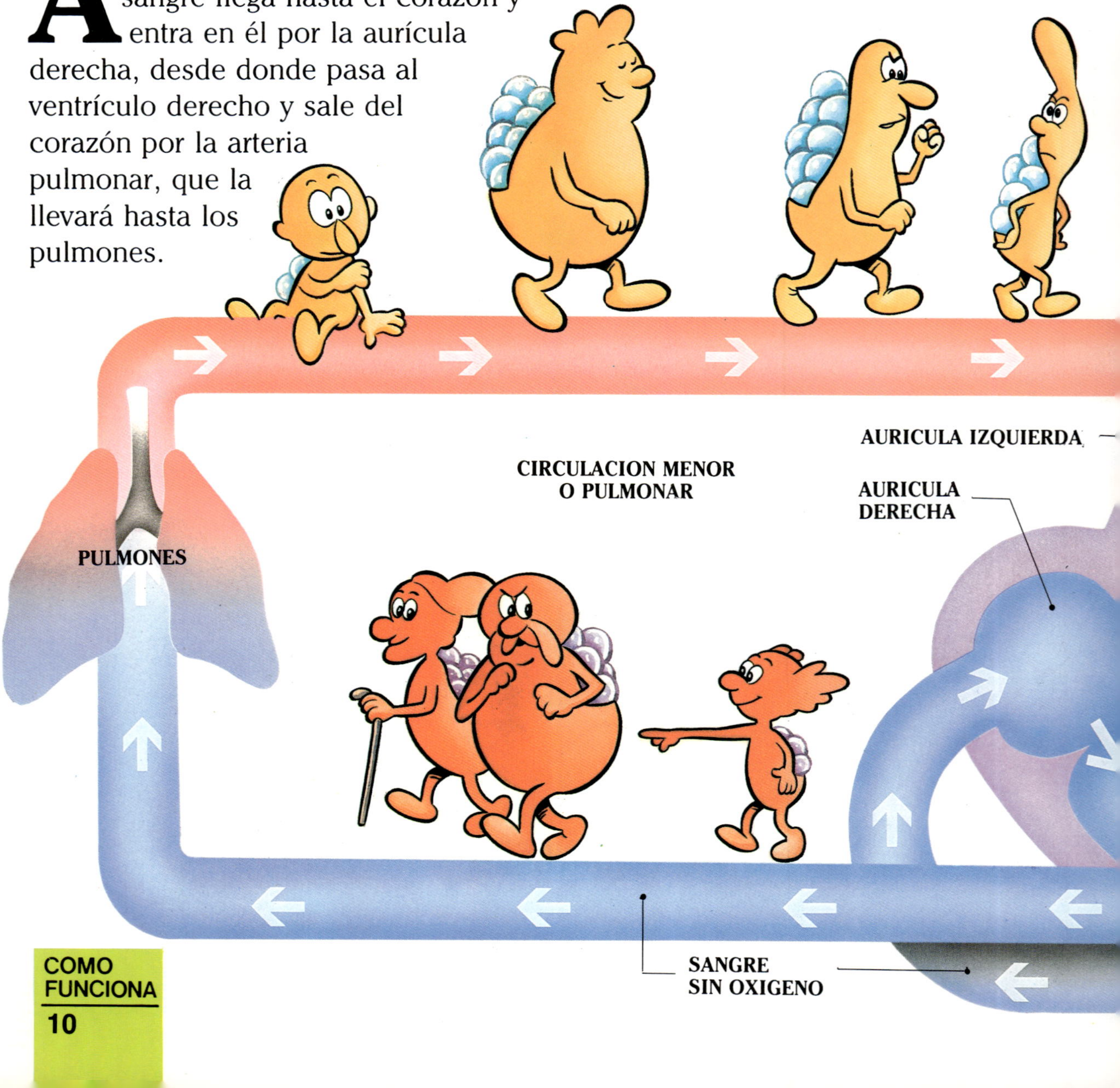

Una vez en los pulmones, la sangre se distribuye por los pequeños capilares que llegan hasta los *alvéolos*, donde deja el gas carbónico que contiene y toma oxígeno que distribuirá luego por todo el cuerpo.

Estos finos capilares se unen, después, para formar la vena pulmonar que lleva de nuevo la sangre al corazón entrando por la aurícula izquierda. De ahí pasa al ventrículo izquierdo, desde donde sale del corazón a través de la arteria aorta, que distribuye la sangre a todas las arterias del cuerpo, excepto —como es lógico— a las del circuito pulmonar.

Este proceso que hemos descrito recibe el nombre de Circulación Menor o Pulmonar.

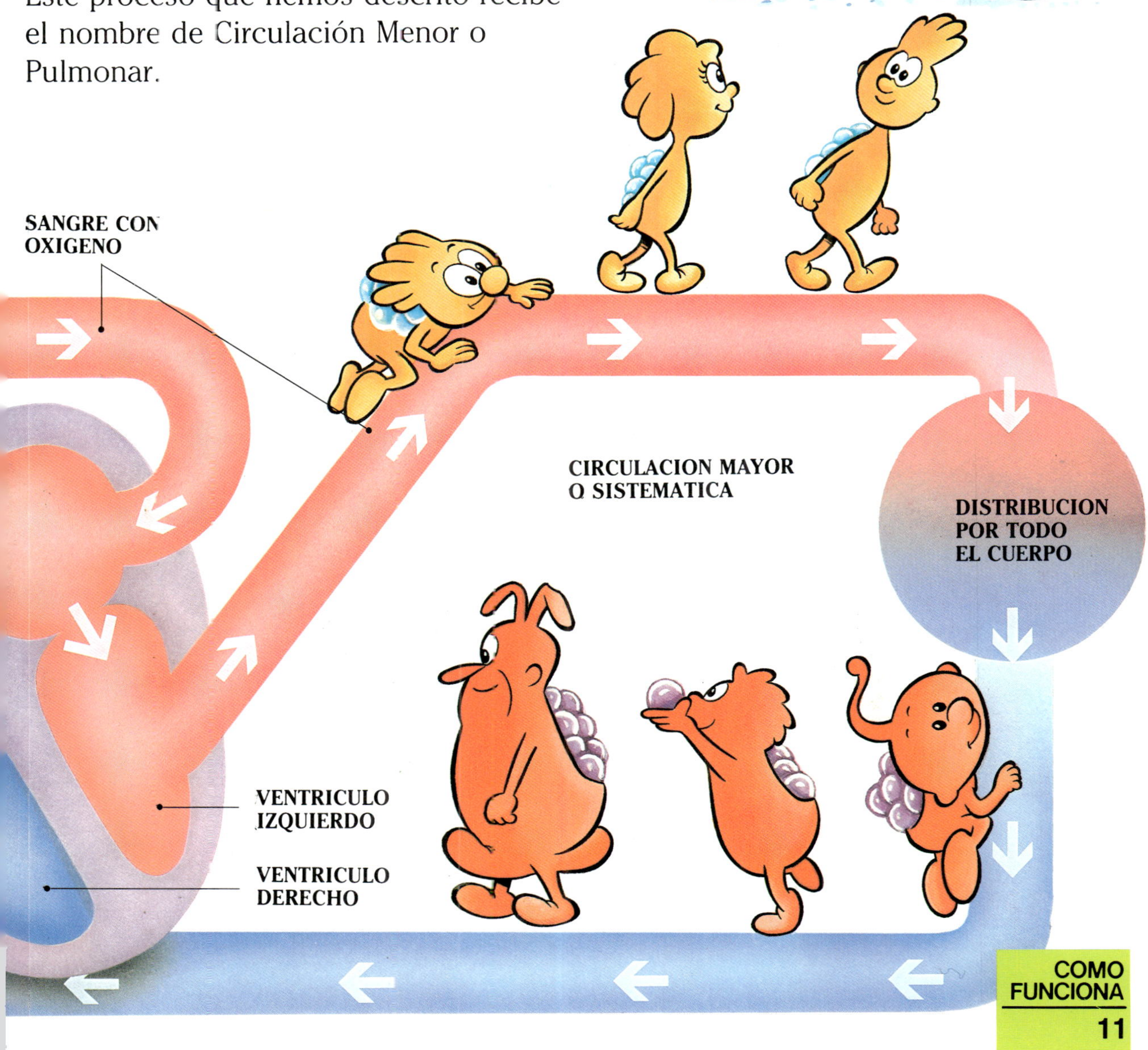

¿Puede retroceder la sangre?

No. La sangre no retrocede jamás, siempre circula en la misma dirección gracias a las válvulas tricúspide y bicúspide, de las que hemos hablado antes.

Al acercarse a las válvulas, la sangre las empuja y las abre para pasar, pero si cambiase la dirección, es decir, si retrocediera, lo que sucedería es que las válvulas se cerrarían e impedirían su paso. Lo mismo sucede cuando la sangre llega al corazón: su empuje abre sin dificultad la pared cardíaca. Cuando sale a las arterias, las válvulas sigmoideas se abren para dejar que la sangre fluya, cerrándose después para impedir su retroceso.

ESQUEMA DE UNA VALVULA SIGMOIDEA

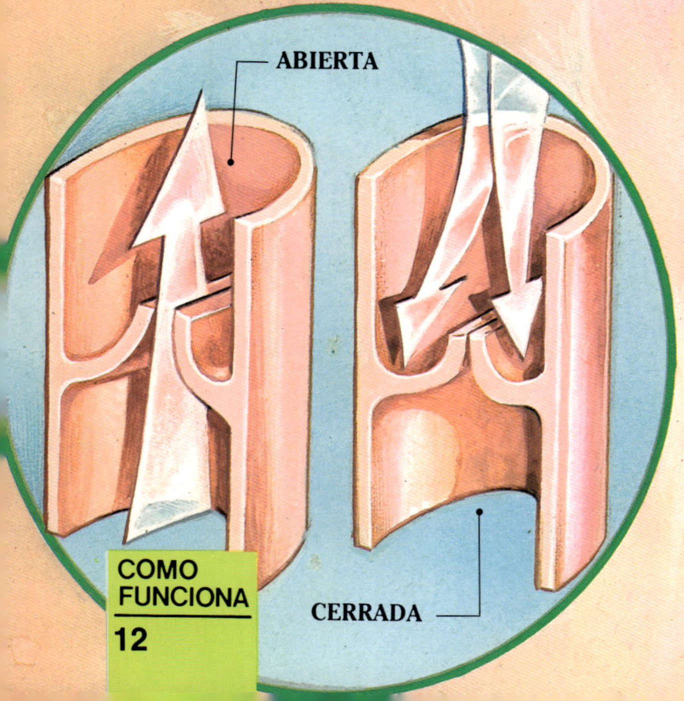

¿Por qué es importante el aparato circulatorio?

Sencillamente, porque es el encargado de distribuir por todo el organismo el oxígeno que la sangre toma en los pulmones (imprescindible para la vida de las células), y de llevar hasta éstas las *sustancias nutrientes* que necesita el organismo para sobrevivir.
Además, la sangre recoge los productos de desecho que se originan en el *metabolismo celular* y los lleva hasta los órganos encargados de su eliminación, tomando en las células el gas carbónico para llevarlo hasta los pulmones, donde será eliminado.

Esta especie de ballet acuático al que se ven forzados nuestros amigos los glóbulos rojos, se repite unas ochenta veces por minuto.
Cada vez que se abre la válvula Tricúspide, Hemo, Globo y Globina, con una multitud de otros «habitantes» de la sangre, se precipitan en tropel dentro del ventrículo derecho.
Y cuando una poderosa contracción ventricular los impulse hacia las venas pulmonares, las válvulas sigmoideas les van a impedir el retroceso.
Nuestros personajes circulan siempre por vías de dirección única.

Hagamos un poco de historia

La circulación de la sangre sólo hace cuatro siglos que se conoce. Aunque el *anatomista Vesalio* ya habló de ella en el siglo XV, fue en 1531 cuando el español Miguel Servet descubrió la circulación pulmonar. Este y otros descubrimientos hicieron que fuera tomado por un *hereje* y muriera ajusticiado en 1553; pero otro español, Francisco Reina, completó este descubrimiento y habló en 1552, de la Circulación Mayor.

Sería un inglés, *William Harvey*, quien en 1628 —después de comprobar las conclusiones a que habían llegado Servet y Reina— describió la circulación completa de la sangre y el importante papel que tiene el corazón en este proceso.

Posteriormente, en 1660 el italiano *Marcello Malpighi* descubrió —gracias al empleo del microscopio— los capilares sanguíneos por los que se comunican, entre sí, venas y arterias.

La Historia de la Ciencia está llena de incomprensiones y de episodios más bien tristes, como el que representa esta ilustración: Vesalio, condenado por hereje, es indultado por el rey Felipe II. Pero la suerte de Vesalio no la tuvo Miguel Servet, que murió víctima de la intransigencia. Servet nació en Villanueva de Sigena (Huesca) hacia el año 1511 y murió en Ginebra el 27 de octubre de 1553. Debes pensar que, a mediados del siglo XVI, lo que hoy llamamos «la mentalidad científica» era una absoluta rareza. Investigar mediante experimentos estaba muy mal visto.

Los movimientos del corazón

El corazón no descansa nunca. Día y noche podemos sentir sus palpitaciones y sus latidos, indicadores de que está siempre en movimiento. Además adaptará siempre su movimiento a las necesidades de tu organismo: si corres o saltas, irá más deprisa; si duermes, latirá más lentamente.
El corazón realiza un movimiento de contracción-dilatación para impeler a la sangre y lograr que ésta llegue a todos los rincones de nuestro cuerpo.
Veamos cuál es el proceso:
El corazón, al contraerse —movimiento de sístole— proyecta la sangre con fuerza hacia las arterias. Por el contrario, cuando se distiende o relaja —diástole— vuelve a llenarse de sangre.

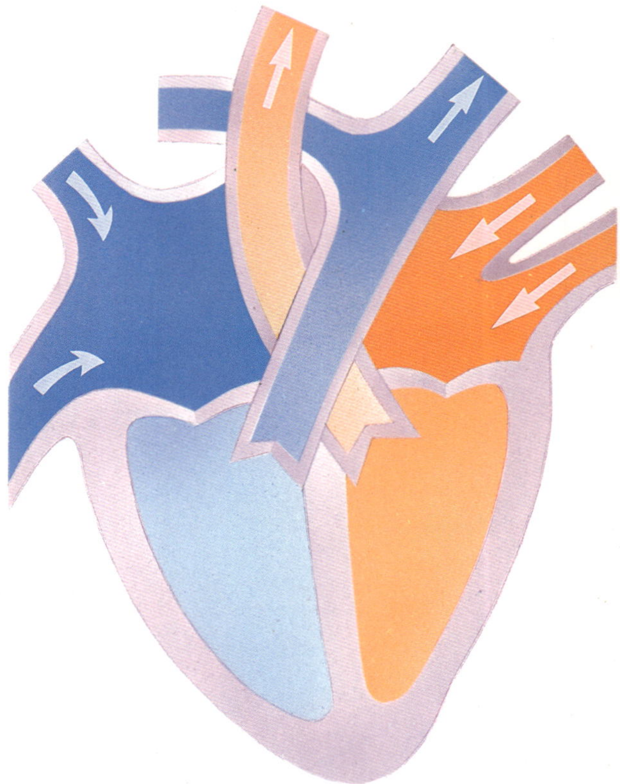

MOVIMIENTO DE DIASTOLE

La diástole es la fase del movimiento cardíaco durante la cual los ventrículos se dilatan y se llenan de sangre procedente de las aurículas que, en este período, experimentan una contracción (sístole auricular) que las vacía. Durante la diástole, se produce la oxigenación del músculo cardíaco por medio de las arterias coronarias. La sístole es la fase en que se contraen los ventrículos y la sangre es impulsada hacia las arterias. Al iniciarse la contracción ventricular, aumenta mucho la presión en los ventrículos, lo que hace que se cierren las válvulas tricúspide y mitral (para impedir que la sangre retroceda), y al mismo tiempo provoca la abertura de las válvulas sigmoideas para que la sangre pueda fluir a través de las arterias.

MOVIMIENTO
DE SISTOLE

Cuando las aurículas se contraen, los ventrículos se relajan y viceversa.
Todos estos movimientos forman lo que se conoce como ciclo cardíaco que, esquemáticamente, es como vamos a ver a continuación:
Al contraerse los músculos de las aurículas, se abren las válvulas mitral y tricúspide y se llenan los ventrículos de sangre —sístole auricular—. Una vez llenos, se contraen y se vacían a través de la arteria aorta (ventrículo izquierdo) y de la pulmonar (ventrículo derecho) —sístole ventricular.
Después de haberse vaciado de sangre, el corazón está distendido y se llena de nuevo de sangre, hasta que la presión de ésta sobre las válvulas de las aurículas inicia otra vez el proceso que hemos descrito. Este tercer paso recibe el nombre de Diástole general.

Aprende con nosotros

Los récords del corazón

La sangre circula siempre en la misma dirección, cubriendo un recorrido que dura unos 45 segundos.
En cada pulsación, el ventrículo izquierdo arroja unos 100 g de sangre y la cantidad total de sangre que pasa por el corazón a lo largo de todo un día es, aproximadamente de unos 17.000 kilogramos.
En un año, el corazón emite unos 40 millones de pulsaciones.
El corazón de un elefante late sólo 25 veces por minuto, mientras que el de un ratón lo hace ¡600 veces por minuto!

Los atletas de la sangre establecen un récord de 45 segundos por vuelta, saliendo de un ventrículo y llegando a la aurícula.

El ritmo cardíaco

Más de una vez, en la consulta del médico, éste te habrá tomado el pulso. Es decir, habrá comprobado cuántas veces late tu corazón en un minuto, puesto que la alteración en este ritmo cardíaco es un síntoma evidente de que existen problemas en tu organismo (fiebre, cansancio, excitación nerviosa, etc.)
El ritmo cardíaco varía considerablemente según la edad, el sexo, o la actividad (reposo, movimiento, etc.).

En un hombre adulto, lo habitual es que presente de 70 a 80 latidos por minuto, pero en los niños puede ser casi el doble (100-120). Muchos atletas tienen un ritmo cardíaco de 50 a 60 latidos por minuto.

El ritmo del corazón de los vertebrados disminuye con el tamaño del animal. Cuanto más pequeño es el corazón, más rápidamente late.

¿Qué es el pulso?

Acabamos de hablar de que, en ocasiones, el doctor te ha tomado el pulso. Sabemos que el pulso es una onda que se propaga a través de las arterias cada vez que late el corazón. Algo similar a lo que sucede si tiramos una piedra a un estanque con sus aguas en reposo: se forman unas ondas circulares que se ensanchan hacia los márgenes. Cuando la sangre sale del corazón, esta onda se transmite a una velocidad de 11 m/s y puede comprobarse en la muñeca, en la *sien* o en otros lugares del cuerpo.
El pulso aumenta con el ejercicio, puesto que el corazón late entonces más deprisa para bombear la sangre suficiente como para proveer de energía a los músculos.

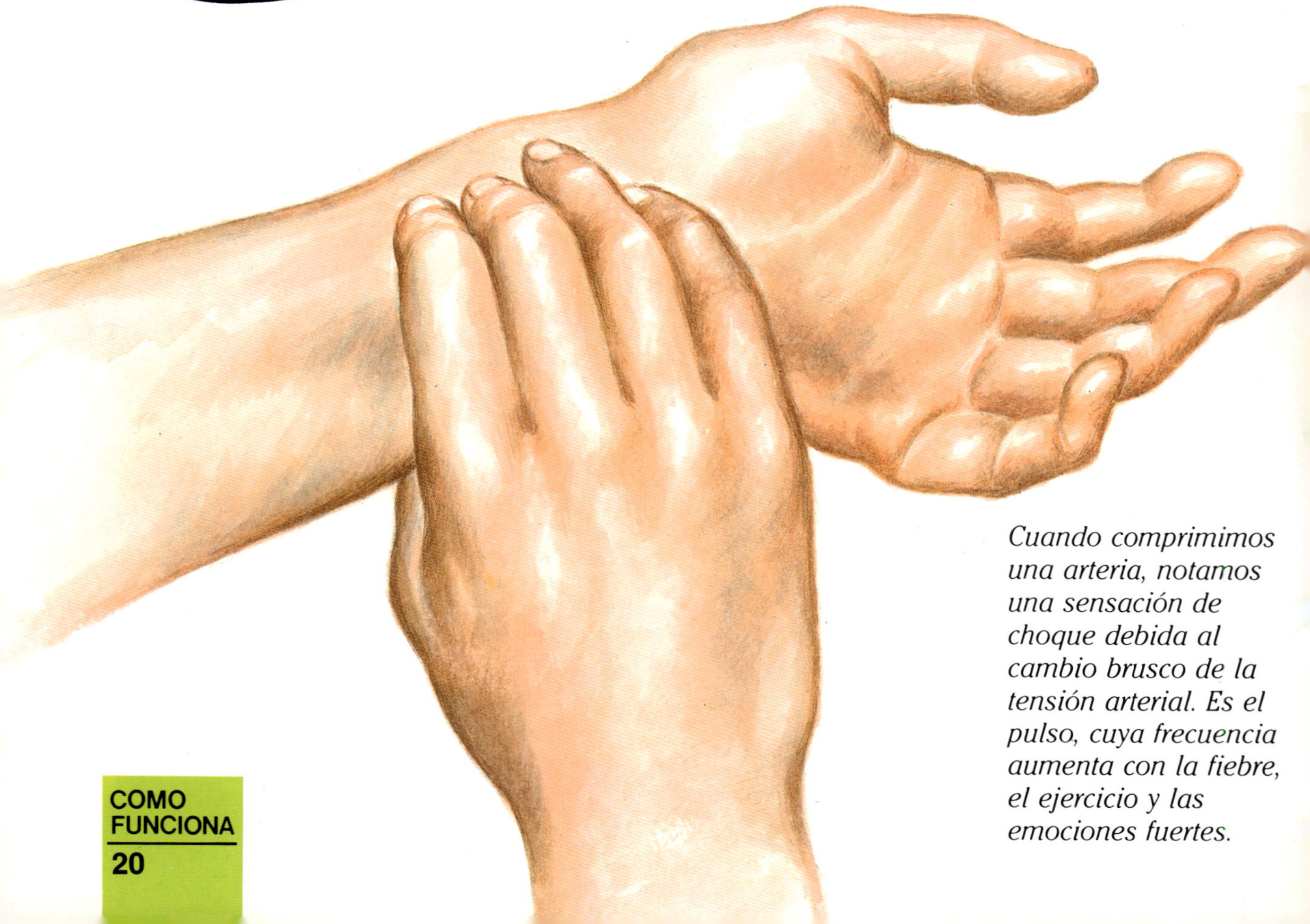

Cuando comprimimos una arteria, notamos una sensación de choque debida al cambio brusco de la tensión arterial. Es el pulso, cuya frecuencia aumenta con la fiebre, el ejercicio y las emociones fuertes.

Los ruidos del corazón

Frecuentemente, habrás observado que los médicos proceden a auscultar a sus enfermos. Esto consiste en aplicarles en el pecho, allí donde mejor se siga el ritmo cardíaco, un aparato llamado fonendoscopio, que no es más que una *cámara de resonancia* conectada a dos tubos de caucho que se colocan en los oídos. Con ello, el médico detecta los ruidos del corazón, otro punto a tener en cuenta para valorar el estado de salud del enfermo.

Cuando no hay alteraciones, aplicando el fonendoscopio se escucha primero un ruido seco y corto: es la contracción de la aurícula y debe ir seguido por otro sonido largo (contracción del ventrículo) y, finalmente, un silencio que es el descanso o relajación del músculo cardíaco.

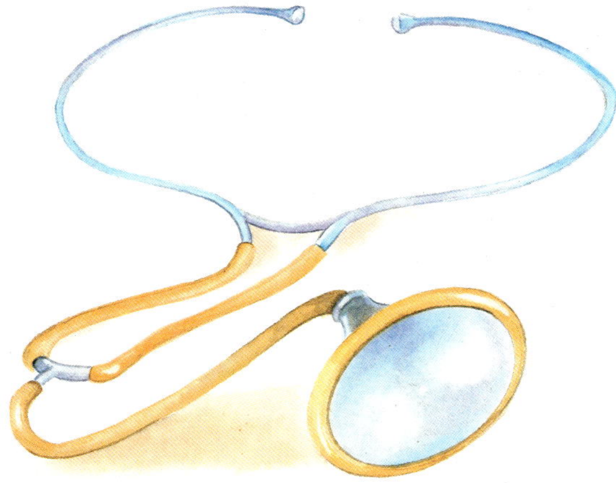

FONENDOSCOPIO

Cuando el doctor te ausculta, lo que hace es estudiar los ruidos de tu corazón que le dirán si todo funciona correctamente.
Para poder oír mejor los sonidos cardíacos, el médico utiliza el fonendoscopio (llamado también estetoscopio), gracias al cual escucha el latir de tu corazón con una gran nitidez.

Cuidados del corazón

¿Funciona bien tu reloj cardíaco?

Cuando las contracciones del corazón son muy rápidas —si pasan por ejemplo de 100 por minuto— decimos que hay taquicardia. Pero cuando son muy lentas —menos de 60 por minuto— hablamos de bradicardia.

En otras ocasiones, el corazón tiene variaciones de ritmo: unas veces late muy aprisa y después continúa más pausadamente; es cuando se diagnostica una arritmia o cambio de ritmo.

Las tres son manifestaciones de enfermedades o alteraciones de la salud y, en concreto, la taquicardia es muy frecuente cuando la fiebre del enfermo es muy alta.

La bradicardia y la taquicardia son alteraciones anormales del ritmo cardíaco que se dan muy poco en la gente joven.

No debes confundir la taquicardia (el corazón se «dispara») con los aumentos normales del número de pulsaciones durante el ejercicio, cuando tienes un susto, etc.

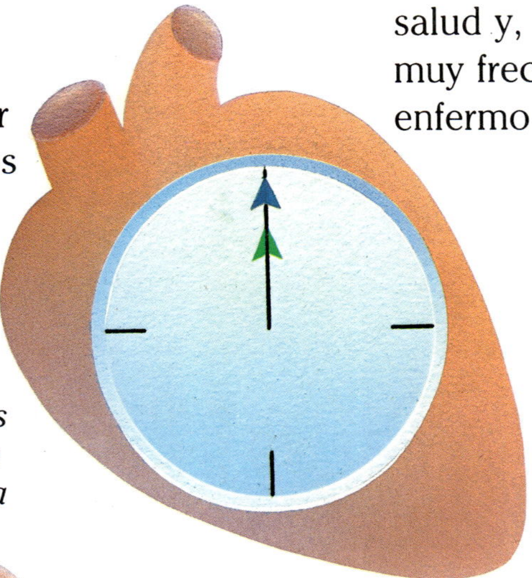

RITMO NORMAL

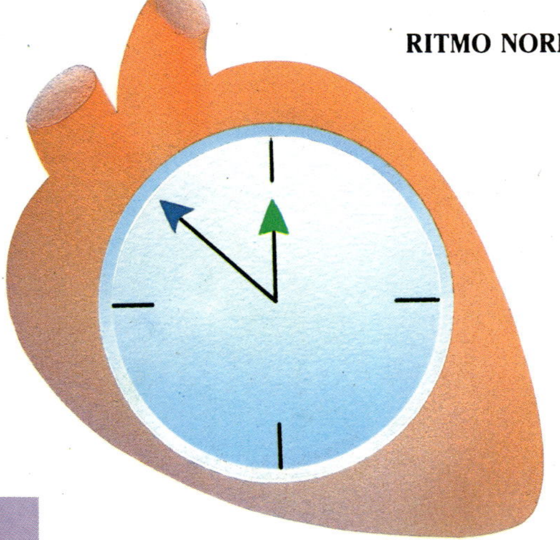

BRADICARDIA (RITMO LENTO)

TAQUICARDIA (RITMO ACELERADO)

STRESS, FALTA DE EJERCICIO

ABUSO DEL TABACO Y DEL ALCOHOL

ENFERMEDADES DEL CORAZON

Enfermedades del corazón

En los países occidentales, las enfermedades cardíacas son la causa principal de muerte de sus habitantes. El origen de las mismas proviene de un equivocado ritmo de vida, malos hábitos alimentarios, «stress», falta de ejercicio físico, fumar y beber alcohol en exceso, etc.

Las enfermedades cardíacas más frecuentes son:

- **La angina de pecho,** que se manifiesta en forma de un intensísimo dolor en el pecho, después de un esfuerzo intenso, provocado por un coágulo que bloquea la afluencia de sangre al corazón. Reposando, suele desaparecer el dolor.
- **El infarto de miocardio,** al que algunos autores llaman «enfermedad de los gerentes» que también aparece en forma de dolor intenso como el anterior, pero que se extiende hacia el brazo izquierdo. Está provocado por la falta de irrigación sanguínea de una parte del corazón. Es muy grave y requiere un reposo absoluto y un riguroso tratamiento médico. Suelen padecerlo personas muy ocupadas, que descansan poco y tienen muchas preocupaciones y responsabilidades.

¡Qué barbaridad! Ya veis a qué situación ha llegado el loco de Nabot con su stress y sus nefastas aficiones. Aquí lo tenemos hospitalizado para recuperarse de un infarto.

Un corazón es para toda la vida ¡cuídalo!

La mayoría de enfermedades cardíacas tienen su origen en una serie de costumbres equivocadas y determinadas formas de ser. Por eso, y dado que estas enfermedades tienen luego un difícil tratamiento, es mejor prevenirlas. Para ello, nada mejor que observar unas normas, muy sencillas, que te explicamos a continuación:

1.ª Seguir una dieta alimentaria pobre en grasas y rica en frutas y verduras.

2.ª Procurar no sobrepasar el peso adecuado a la constitución física de cada uno.

3.ª No fumar y no ingerir bebidas alcohólicas.

4.ª Evitar el nerviosismo excesivo, las emociones fuertes, etc. y procurar seguir un ritmo de vida relajado y sin ambiciones o inquietudes que resulten agobiantes.

5.ª Realizar ejercicio físico.

Se ha llegado a la conclusión que hay un grupo de personas decididamente propensos a las enfermedades cardíacas a causa de su carácter. Son las personas ambiciosas, exigentes, agresivas... que no se sienten satisfechas de sí mismas hasta que no están agotadas. Es por esto que el infarto suele aparecer frecuentemente en los hombres de negocios. Por eso el mejor preventivo de las enfermedades del corazón es, sin lugar a dudas, buscar un ritmo de vida gratificante en el que se pueda disfrutar de los pequeños placeres de cada día, sin tener excesivas prisas por nada, siguiendo una alimentación correcta que permita evitar la obesidad y pudiendo realizar algún ejercicio físico moderado. Pero, sobre todo, es importante buscar la paz interior y recordar que, en la vida como en el deporte, lo importante no es ganar sino participar.

Si recordamos que las enfermedades cardíacas son la principal causa de mortandad en el mundo occidental, podremos reflexionar sobre la necesidad de seguir esta sencilla normativa que os acabamos de explicar.

Te aconsejamos que...

Levanta las piernas del enfermo para conseguir que la sangre vuelva al corazón. Utiliza lo que tengas más a mano: tu propia chaqueta, una manta... lo que sea.

...Conozcas la forma en que debes actuar ante un ataque cardíaco. A veces la rapidez en un momento así puede salvar una vida.

El ataque se presenta en forma de un dolor muy intenso en el pecho y espalda. Deberás echar al enfermo boca arriba y levantarle las piernas. Con ello, ayudas a que la sangre vuelva al corazón. Para favorecer la circulación sanguínea, aflójale también el cinturón, la corbata —si la lleva— o cualquier prenda que le oprima.

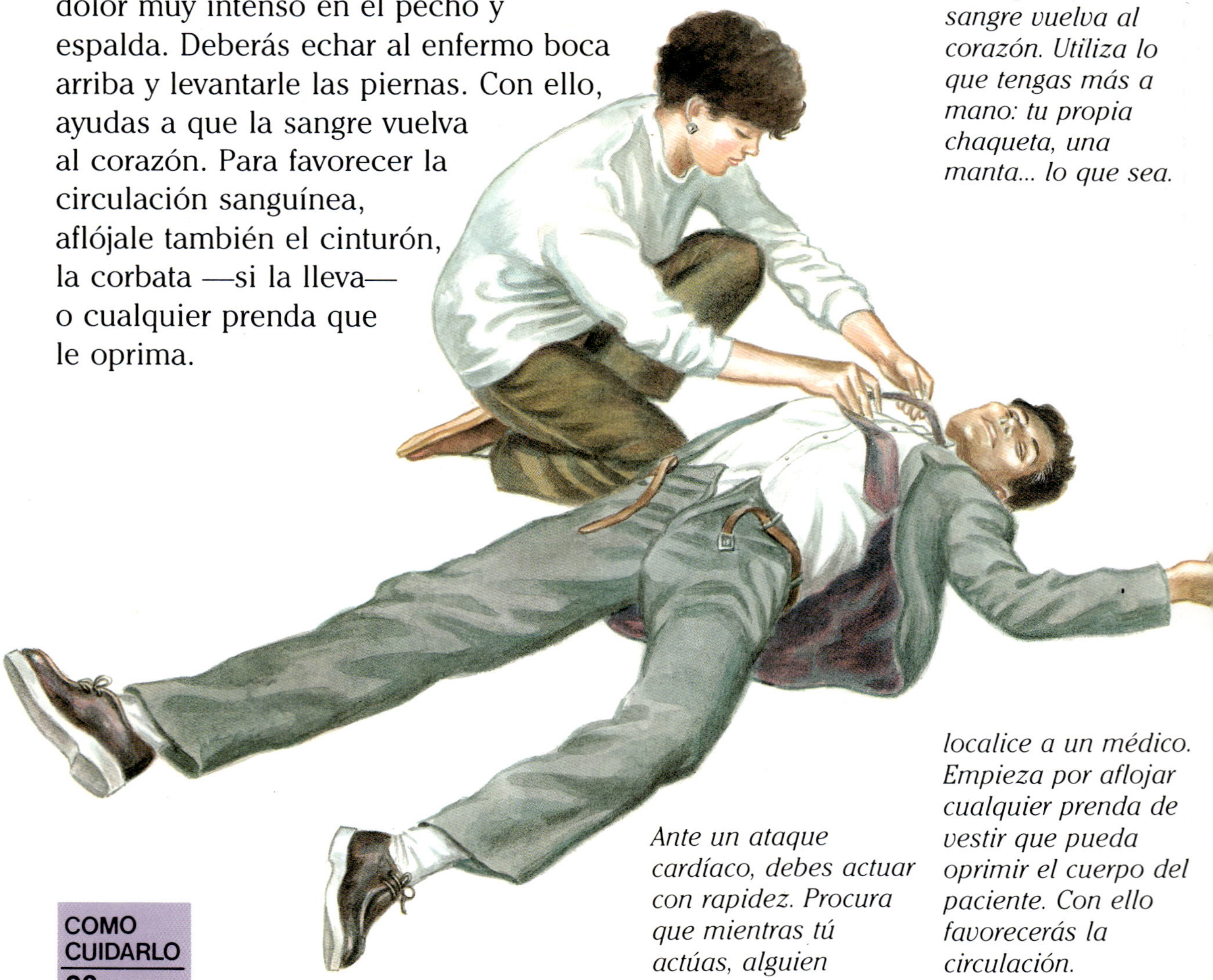

Ante un ataque cardíaco, debes actuar con rapidez. Procura que mientras tú actúas, alguien localice a un médico. Empieza por aflojar cualquier prenda de vestir que pueda oprimir el cuerpo del paciente. Con ello favorecerás la circulación.

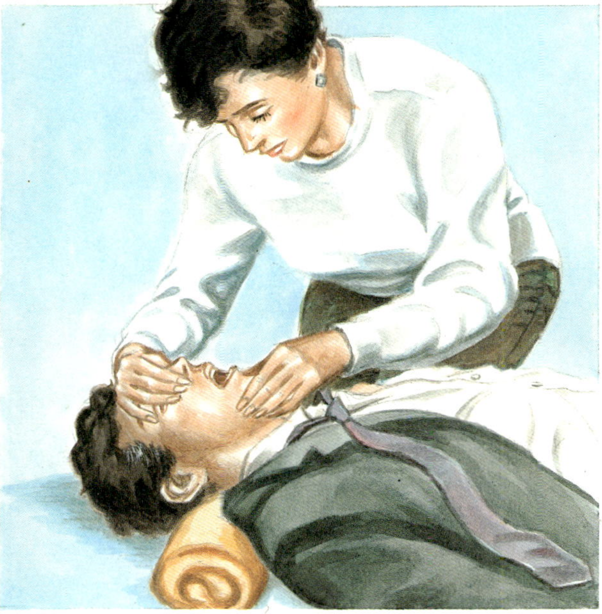

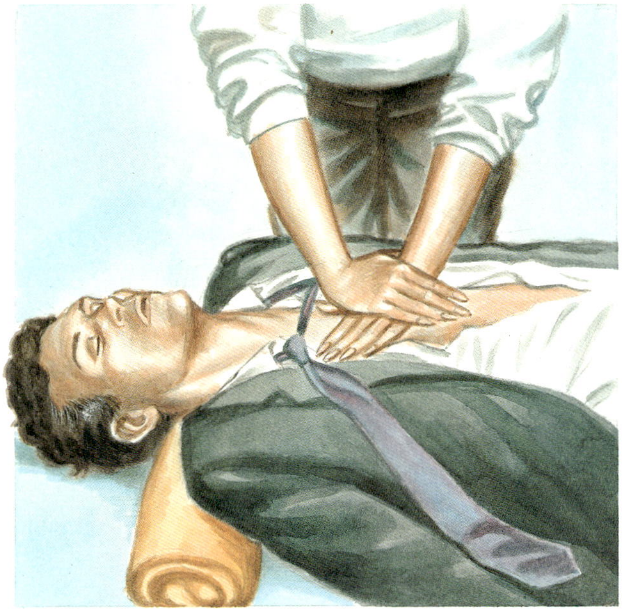

Si ves que no respira, deberás practicar la respiración boca a boca, que consiste en tapar la nariz del enfermo y soplar aire en el interior de su boca hasta que veas que el pecho se levanta; cuando éste vuelve a bajar, hay que repetir la operación. Así, tantas veces como sea necesario, hasta que el enfermo respire por sí solo, reacción que algunas veces tarda mucho en producirse. El socorrista debe tener paciencia y no darse por vencido antes de tiempo.

En ocasiones, es necesario dar masaje artificial al corazón. Este se lleva a cabo comprimiendo el pecho a la altura del corazón con ambas manos y con ello se consigue que el corazón vuelva de nuevo a latir por sí solo. No obstante, es una técnica delicada que requiere un perfecto conocimiento, por lo que debe practicarlo una persona experta.

Y, como siempre, recuerda que una vez atendido el enfermo, deberás localizar rápidamente a un médico, puesto que él y sólo él sabrá dar un tratamiento eficaz y definitivo al problema.

Mientras esperas la llegada del médico, no pierdas el tiempo y practica al accidentado la respiración boca a boca. Levántale la nuca, oprime su nariz y sopla en el interior de su boca. A esta operación la han llamado «el beso de la vida». Otra posibilidad de conseguir que el corazón vuelva a latir, es el masaje artificial, técnica que requiere práctica y algunos conocimientos específicos.

Glosario

ALVEOLOS
Pequeñas cavidades que forman la masa esponjosa del pulmón y sirven para albergar el aire.

ANATOMISTA
Persona que se dedica a los estudios de anatomía, es decir, a la ciencia que estudia cómo es el cuerpo humano.

CAMARA DE RESONANCIA
Cavidad que tiene la propiedad de aumentar la amplitud del sonido.

HARVEY, William (1578-1657)
Médico inglés que estudió en Padua y descubrió numerosas funciones fisiológicas. Entre ellas, la circulación sanguínea y el concepto de organismo como unidad.

HEREJE
Persona que se aparta de la doctrina oficial de una iglesia o religión.

MALPIGHI, Marcello (1628-1694)
Anatomista italiano que descubrió los alvéolos pulmonares y los capilares sanguíneos, con lo que completó las teorías de Harvey.

METABOLISMO CELULAR
Proceso que se sigue en las células por el que éstas aprovechan las sustancias nutrientes, las separan de las de desecho y las asimilan mediante complicados procesos químicos.

SIEN
Cada una de las partes laterales de la cabeza, a ambos lados de la frente.

SUSTANCIAS NUTRIENTES
Elementos contenidos en los alimentos y que sirven para alimentar al organismo humano.

VESALIO (1514-1564)
Anatomista belga que fue el primero en practicar la disección de cadáveres de forma sistemática y de contradecir las opiniones de Galeno. Su obra «De corporis humani fabrica», es el punto de partida de la Anatomía moderna.

Indice

COMO ES

COMO FUNCIONA

COMO CUIDARLO

PEDRITO; glóbul
blanco héroe de la po
del cuerpo humano
METRO, líder de los anticuerpos paracaidistas siempre contento con su trabajo.
KIRA; la simpática lugarteniente de Pedrito, hábil descubridora de virus.
GORDIT
blanco p
siempre d
combatir
microbios
y Ti
TIÑOSO, un microbio grandote enemigo acérrimo del bueno de Gordito.